Ulrich Peters
Lebensträume

Für Claudia

Ulrich Peters

LEBENS-TRÄUME

Märchen für jene,
die gern träumen.

Lahn-Verlag Limburg

Die Deutsche Bibliothek –
CIP-Einheitsaufnahme
Peters, Ulrich:
Lebensträume.
Märchen für jene,
die gern träumen.
Ulrich Peters.
5. Auflage.
Limburg:
Lahn-Verlag, 1994
ISBN 3-7840-2661-3

Fotonachweis:

W. Krabel, Stockholm-Bromma: Umschlagfoto;
P. Friebe, Germering: S. 9;
H. Arnold, Füssen: S. 13;
Pauli/Anthony-Verlag, Starnberg: S. 17;
D.-B. Steinicke, Wittlich: S. 21, 41;
D. Nienhaus, Berlin: S. 25, 45;
D. Klees-Jorde, Hainburg: S. 29, 33;
R. M. Rinnerthaler, Salzburg: S. 53;
M. Schmitt, Obertiefenbach: S. 61.

5. Auflage 1994

Mitglied der Verlagsgruppe »engagement«.
Lektorat: Jürgen Schymura.
Umschlaggestaltung: Hans Otto.
Gesamtherstellung:
Limburger Offsetdruck GmbH, Limburg.

ISBN 3-7840-2661-3

INHALT

Vorwort

Es gibt Momente mitten im Leben, in denen wir zu träumen beginnen. Träume vom Leben sind wie Sehnsuchtsfunken, die alles um uns herum in ein neues Licht tauchen und Lebensräume mit ihren ungeahnten Möglichkeiten eröffnen. Für die Dauer eines Augenblicks erfahren wir, wieviel menschlicher, lebendiger und bunter selbst der graueste Alltag sein kann.

Die fabelhaften Geschichten in diesem Buch sind solchen Erfahrungen vergleichbar. Ich habe sie bewußt als Märchen erzählt, weil ich immer wieder spürte, wie Menschen jeden Alters ihnen fasziniert zuhörten.

Märchen erzählen sich Menschen schon seit uralten Zeiten und halten somit die Erinnerung lebendig, daß die Liebe größer ist als die Angst und stärker als das Leid und lebendiger als der Tod und daß im Leben letztendlich nur die Liebe und die Güte und die Menschenfreundlichkeit zählen.

Wenn ich in diese Erzählbewegung einstimme, so möchte ich dazu ermutigen, sich auf die eigenen Lebensträume einzulassen, um so selbst die Erfahrung zu machen, welche »märchenhaften« Möglichkeiten uns mit dem Leben geschenkt sind.

Der kleine Krebs und die Sonne

Auf dem Meeresboden wühlte sich ein kleiner, emsiger Krebs durch den Sand. Wie die meisten Lebewesen, die lange Zeit im Finstern leben müssen, war er kurzsichtig. Er stolperte umständlich um große und kleine Muschelhäuser und stieß mit seiner Nase gegen manche Wasserpflanze, ehe er staunend vor einem goldbraun schimmernden Bernstein verharrte, der in all der Dunkelheit freundlich funkelte und glitzerte. Der kleine Krebs kniff seine sehschwachen Augen zusammen, putzte seine Brille und glaubte, seinem Blick nicht mehr trauen zu können. So etwas hatte er noch nie gesehen.

»Du leuchtest so schön, kleiner Stein!« begrüßte er ihn freundlich.

»Wie machst du das?«

»Ich mache es nicht«, antwortete ihm der Stein. »Ich lasse es an mir geschehen. Es kommt von etwas Größerem, als ich es selber bin. Ich öffne mich ganz dem Licht der Sonne, die weit hinter der Oberfläche des Meeres verborgen ist. Ihre Strahlen reichen aber bis auf den dunklen Meeresboden. Eigentlich leben wir alle hier unten von ihr, aber nur die wenigsten wollen das glauben. Sie sagen:

›Es gibt nur das, was man sehen kann. Die Sonne kann man nicht sehen, also gibt es sie auch nicht.‹ Wieder andere sagen: ›Wenn es die Sonne wirklich gibt, warum ist es dann hier bei uns so dunkel? Nein, wenn es sie wirklich gäbe, dann müßte es doch viel heller und freundlicher auf dem Meeresboden aussehen. In dieser Dunkelheit können wir jedenfalls nicht an das Licht glauben.‹ Schade ist das!« fuhr der kleine Stein traurig fort. »Dabei könnte das Leben hier unten so freundlich, hell und schön sein. Nein, diese Dunkelheit müßte wahrhaftig nicht sein.«
»Auch ich habe von der Sonne nur in einigen Kindermärchen gehört. Gibt es sie denn wirklich?« fragte der kleine Krebs erstaunt.
»Aber ja«, antwortete der Bernstein. »Wie sonst könnte ich funkeln? Ich will dir ein Geheimnis verraten: Du mußt durchsichtig werden für die Sonne, die hinter dir verborgen ist. Du wirst spüren, wie sie dich durchleuchtet – sehen können es aber nur die anderen. Wenn du dir auch noch so klein vorkommst, kleiner Krebs, wenn das Licht der Sonne dich erst durchleuchtet, wirst du groß und wichtig sein. Durch dein lebendiges Wesen

wird die Sonne hier in der Finsternis sichtbar werden. Du mußt dich nur ergreifen lassen. Wer das Licht nämlich nicht an sich herankommen läßt, in den wird es auch niemals eindringen.«
Dankbar verließ der kleine Krebs diesen Ort, und weil die Freude die Schwester der Dankbarkeit ist, hüpfte, sprang und tänzelte er über den sandigen Meeresboden.
Weil er sich so freute, fiel er einem Seepferdchen auf, das ebenso vornehm wie hochnäsig seine Bahnen zog.
»Sag, was hast du häßlicher Krebs für einen Grund, dich so zu freuen? Bin am Ende ich es, der dir in seiner Anmut und Schönheit solche Freude abnötigt?«
Voller Begeisterung erzählte der Krebs von seiner Begegnung, und seine Stimme überschlug sich beinahe vor Eifer: »Wir brauchen nur durchsichtig zu werden für die Sonne. Sie liegt hinter uns verborgen – über der Oberfläche.«
»Durchsichtig werden für etwas, das hinter mir verborgen ist? So ein Quatsch!« zirpte das Seepferdchen empört. »Hinter mir ist nichts mehr, ich habe an mir selbst genug. Ich selbst bin das Größte,

in mir fange ich an, und in mir höre ich auf. Was soll mir dein Gerede?« Darauf hob es seinen Kopf noch höher und schwamm stolz weiter.

»In mir fange ich an, und in mir höre ich auf«, wiederholte der kleine Krebs nachdenklich die letzten Worte des Seepferdchens.

Auch einem dicken Tintenfisch erzählte der Krebs von seiner Begegnung und seiner neuen Erfahrung. Der Tintenfisch aber lachte nur laut grunzend über soviel jugendliche Einfalt. Dann nahm er den kleinen Krebs väterlich in einen seiner zahlreichen Arme und klärte ihn auf. »Mein lieber Junge, du mußt erwachsen werden. Der Kampf ist die Wirklichkeit unseres Lebens. Jeder muß für sich allein und gegen alle kämpfen, um sich Leben und Lebensraum zu sichern. Ohne Kampf gibt es kein Überleben; fressen oder gefressen werden! Dabei müssen wir uns mit unserer Einsamkeit abfinden. Das ist zwar traurig, aber nicht zu ändern. Um ein geschickter Kämpfer sein zu können, habe ich einige Düsen, durch die ich tintenfarbenen Nebel gegen meine Gegner versprühen kann. In solch einer tiefblauen Wolke kann ich mich dann verstecken. Es ist eine Schwäche und somit gefährlich,

erkannt oder sogar durchschaut zu werden. Solche Schwachstellen, mein Lieber, werden zum Angriff genutzt. Durchsichtig werden? Sieh dich nur vor, sonst wird dein Leben ein kurzer Traum!« sprach der Tintenfisch und stieß eine so gewaltige Tintenwolke aus, daß es dem kleinen Krebs noch schwärzer vor Augen wurde, als es ihm ohnedies schon war.

Es gäbe noch viel zu erzählen von der Wanderung des kleinen Krebses über den Meeresgrund. Er mußte lernen, wie schwer es ist, von einer Wirklichkeit zu erzählen, die man nicht sehen kann, weil sie verborgen ist. Auf offene Ohren stieß der kleine Kerl nur bei den sogenannten kleinen Fischen.

Manchmal verlor er beinahe den Mut und den Glauben an die Sonne. Aber dann tat es ihm gut, mit den anderen Kleinen zusammenzuhocken und den großen Traum zu träumen:

Einmal werden sich alle Lebewesen im großen Meer dem Licht der Sonne geöffnet haben und lebendige Bilder der verborgenen Wirklichkeit sein. Einmal wird es hell und freundlich auf dem dunklen Meeresboden sein, und es wird Spaß

machen zu leben. Der kleine Krebs merkte es kaum, aber mit der Zeit wurde er immer durchsichtiger und leuchtender. Eines Tages starb er.
Es mag ein Wunder sein, denn genau an der Stelle, an der man ihn begrub, bildete sich ein kleiner Bernstein. Dieser Stein ist wie der gestaltgewordene Glaube des kleinen Krebses und erzählt noch heute von seinem Traum.

Sascha mit den bunten Fäden

Sascha war ein kleiner Zigeunerjunge und lebte in einem alten Planwagen am Rande eines großen Königreiches, genannt Monotonia. Um sich dieses Königreich vorzustellen, muß man eigentlich alle Vorstellungen ablegen. Da gab es weder Farben noch Bilder, weder Töne noch Melodien, weder Lachen noch Weinen. Die letzten Bäume waren dem Asphalt gewichen, und auch die bunten Blumen waren abgeschafft worden. Selbst dem Menschen war es das Wichtigste, genauso zu sein wie alle anderen Menschen auch. Einzigartigkeit, Unverwechselbarkeit und Originalität zählten nicht mehr viel. Das einzige, was noch ein wenig Farbe in diese Welt brachte, war das Make-up, hinter dem manche Menschen ihr wahres Gesicht wie hinter einer Maske verbargen.
Kurzum: Es schien, als ob in Monotonia das Leben ausgezogen sei, als ob hinter den großartigen Fassaden der Häuser und hinter den Gesichtern der Menschen nur noch Leere verborgen wäre und als ob die Menschen ihre Träume verloren hätten.
»Wenn ich nur ein Erfinder wäre«, träumte Sascha, »wie bunt und abwechslungsreich, wie lebendig und glücklich könnte die Welt sein!«

Aber er war kein Erfinder, und beim besten Willen hatte er keine Idee, wie er allein Monotonia verändern könnte. So machte er sich eines Tages auf eine große Wanderschaft, um das richtige Leben zu suchen und um herauszufinden, ob es nicht ein Plätzchen auf der Welt gäbe, das anders sei.

Lange wanderte er durch das Land und sah viele Städte und Dörfer, aber überall traf er auf die gleiche Einförmigkeit. Monotonia schien groß zu sein. Erst als Sascha sich ein Herz faßte und die Grenze der Alltäglichkeit überschritt, traf er in einem Wald auf ein altes Mütterchen, das ganz anders war als all jene Menschen, denen er bislang begegnet war.

Das Mütterchen hatte gute, wissende Augen, die voller Träume und Sehnsüchte steckten und eine tiefe, ansteckende Lebendigkeit ausstrahlten.

Traurig und mutlos erzählte Sascha ihr von dem faden Leben im Königreich und von seinem alten Planwagen.

Als er seine Geschichte beendet hatte, funkelten Freudentränen in den Augen der alten Frau. Wortlos nahm sie Sascha bei der Hand und führte ihn zu ihrer Holzhütte, die tief im Wald verborgen lag. Im Dämmerlicht erkannte Sascha einen großen Webstuhl, der den ganzen Raum ausfüllte. Die Frau zündete ein Licht an, und Sascha war wie geblendet vom Leuchten der schönsten Farben, die er je gesehen hatte. Dieses Leuchten kam von einem wunderschönen Teppich, der in den Webstuhl eingespannt war. Der Teppich bestand aus unendlich vielen kleinen Mustern und Bildern in den herrlichsten, lebendigsten Farbtönen. Sascha war in andächtiges Staunen versunken, als die Stimme des Mütterchens ihn aus dieser bunten Welt herausrief.

»Das ist das Bild eines erfüllten Lebens«, sagte sie. »So wie dieser Teppich aus vielen bunten Fäden gewebt ist, so weben auch wir an unserem Leben. Jede Stunde unseres Lebens ist wie ein bunter Faden. Jedes kleine Lachen, jedes gute Wort und jede phantasievolle Aufmerksamkeit machen mein Leben farbig, einzigartig und unwiederbringlich. Ein Leben, das aus solchen Fäden gewoben ist, erhält die nur ihm eigenen Farben und ein ganz eigenes Muster.« Nachdem die alte Frau eine Weile geschwiegen hatte, nahm sie einen Zopf vom

Webstuhl, der aus zahlreichen bunten Fäden geflochten war. »Denke immer daran, der Mensch sollte das gefühlvollste Wesen auf der Welt sein!« sagte sie zu Sascha und schenkte ihm den Zopf.
Sascha kehrte nach Monotonia zurück und begann mit den bunten Fäden gegen Langeweile und Gleichförmigkeit anzukämpfen. Bei allen möglichen Gelegenheiten verschenkte er einen Faden wie eine Stunde seines Lebens mit einem guten Wort, mit Lachen, Weinen oder einer Hilfe – so, wie es gerade nötig war und wie es den Menschen guttat. Die Fäden aber wurden nicht weniger. Jeder verschenkte Faden verdoppelte sich. Wurden diese dann weitergegeben, so vervierfachten sie sich. Und so ging es in einem fort.
Die Menschen spürten, daß sie immer wieder dann von Einförmigkeit befallen werden, wenn sie ihr Leben für sich behielten.
»Jedes eingesperrte bißchen Leben, und wenn es nur eine Minute, ein Atemzug oder ein Augenblick ist, stirbt auf der Stelle und ist für immer verloren«, sagten sie zueinander. »Nur dort, wo man sein Leben mit anderen teilt und an sie verschenkt, wird es wirklich lebendig.«

Das Geheimnis der Mohnblume

Im Garten eines königlichen Palastes blühte eine kleine, freundliche Mohnblume. Winzige Tautröpfchen benetzten sie behutsam und sammelten das Leben in kugelrunden, unendlichen Bildern. Die feuerrote Blüte war gelassen dem Sonnenlicht zugewandt und strahlte voller Lebensfreude.
Der alte König hatte die Mohnstaude in den Schloßgarten eingepflanzt. Sie war die einzige Blume ihrer Art unter vielen fürstlichen Gewächsen. Kein Mensch am königlichen Hof verstand daher, warum der König sich gerade dieser einfachen Blume so zuwandte und warum er gerade sie so pflegte und bestaunte.
Nun trug es sich zu, daß auch der Sohn des Königs bei einem Spaziergang durch den Palastgarten auf die Mohnblume aufmerksam wurde. Er war gar nicht nach der Art seines freundlich geduldigen Vaters geraten, sondern herrschsüchtig, und jedermann im Lande fürchtete sich vor ihm, vor seinen Launen und vor seinem Zorn.
»Was soll dieses Unkraut in meinem majestätischen Garten?« rief er wutschnaubend aus.
Der alte König hörte dies und sagte: »Was stört dich denn an diesem bescheidenen Mohn?«

Der junge König mußte kurze Zeit nachdenken. »Verglichen mit dem lebendigen Leuchten dieser Blume erscheinen mir meine goldene Krone und mein Zepter sonderbar stumpf und tot. Die Zeichen meiner Macht verblassen vor dieser kleinen, strahlenden Blume. Wie kann das sein?« – »Das«, entgegnete der alte König, »wird sie dir selbst erzählen. Aber zuvor mußt du sie zur Freundin gewinnen und ihre Sprache erlernen.«

»Wie kann man die Sprache einer Blume erlernen, und wie kann man eine Blume zur Freundin gewinnen?«

»Du mußt ihr regelmäßig von deiner Zeit schenken, zu ihr hinausgehen und einfach bei ihr verweilen. Die Sprache der Blumen und Bäume kennt keine Worte. Sie gibt dem anderen einfach Raum, so zu sein, wie er ist. Von außen betrachtet werden eure Unterhaltungen aussehen, als ob ihr schweigt. Aber dieses Schweigen kann deutlich reden. Sich ohne Worte zu verstehen und verstanden zu werden, ist ein großes Geschenk und bedeutet tiefe Freundschaft. Du hast mich nach dem Geheimnis der Mohnblume gefragt. Sie selber wird es dir erzählen.«

Wochenlang ging der junge König tagtäglich in den Garten zur Mohnblume. Es verging eine lange Zeit, ohne daß es ihm gelang, ihre Sprache zu verstehen. Eines Tages aber gelang es ihm, die Blume auf ihre Weise zu fragen: »Woher hast du nur diese Energie, so zu leuchten und zu lodern? Was ist das Geheimnis deiner Lebenskraft?«
Wie gebannt schaute er in den Blütenkelch. Immer mehr zog es ihn in dieses Zentrum hinein, bis er sich schließlich so fühlte, als ob er in ihrem Innern sei: ein berauschender Duft machte ihn benommen, und er schwebte durch eine weite, glühende Landschaft. Bald sah er auf einem feuerroten Hügel einen winzigen Mann sitzen. Der Mann war unendlich klein, kleiner noch als der Nagel seines kleinen Fingers, und doch meinte der junge König, in einen Spiegel zu schauen, der ihn zu einem Zwerg zusammenschrumpfen ließ.
»Wenn dieser kleine Kerl so groß und mächtig wäre wie ich«, flüsterte er, »dann könnte man meinen, ich selber sei es, der dort sitzt.« Als er aber sah, daß der kleine Mann weder Zepter noch Krone trug, meinte er: »Dann kann ich es nicht sein!«
Doch, wo waren sein Zepter und seine Krone

geblieben? Jetzt erst bemerkte er, daß er ganz nackt war und nichts mit sich führte, als ob alles Gepäck aus seinem bisherigen Leben für diese Reise zu schwer sei.

Einen Augenblick später sah er zwei große Tränen aus den Augen des kleinen Mannes treten.

»Was ist mit dir?« fragte er ihn gerührt. »Warum bist du so traurig?« Der kleine Kerl schnäuzte sich heftig und sagte dann: »Du bist der Grund meiner Tränen. Hast du mich denn immer noch nicht erkannt? Ich bin deine Seele, die Mitte deines Lebens. Sieh nur, wie mißgebildet und klein ich bin. Wenn ein Mensch in sich selbst gefangen ist, verkümmert sein eigentliches Wesen.«

Diese Worte trafen den König wie ein Blitz. Er begann bitterlich zu weinen, nachdem er die Wahrheit seines Lebens zum ersten Mal ganz erkannt hatte.

»Ich habe lange Zeit in dieser Blüte auf dich gewartet, um dir ihr Geheimnis zu zeigen«, fuhr der kleine Mann fort. »Sie hat dich nachdenklich gemacht. Nun höre, was sie dir zu erzählen vermag: Sie ist ein Diener, das ist viel mehr als ein König. Denn nur der Diener hat recht verstanden,

wie man ein König wird im Leben, indem man nicht für sich selbst lebt, sondern für andere, um ihnen das Leben lebenswert zu gestalten.
Ihre Kraft bekommt die Blume von der Sonne geschenkt, der sie sich offen und bereit hinhält. Die Blume weiß, daß sie allein aus sich heraus nicht blühen kann. Die Kraft der Sonne verwandelt sie und verschenkt sie als ein lächelndes Leuchten an die Welt. Was man verschenkt, verliert man nicht; verschenken macht reich! Nur weil sie bereit ist, die Kraft der Sonne weiterzugeben, kann sie immer neue Strahlen des Lichtes aufnehmen, so, wie du nur einatmen kannst, wenn du auch ausatmest. Ein Diener lebt ganz für andere, darin erfüllt sich sein Leben. Glaube mir, die wirkliche Kraft liegt in der Liebe, und allein die Liebe verwandelt die Welt. Kehre nun zurück in deine Welt und übe die Demut der Mohnblume. Demut und Sanftmut sind keine Schwächen. Sie leben aus dem Mut und dem Vertrauen, nicht aus der Angst. Hab also den Mut, dem Leben zu dienen und so zu zeigen, wessen du in Wahrheit mächtig bist. Lebe nicht aus dir, sondern laß dich von der Sonne beschenken, die dein Leben zum Leuchten bringt. Sei ein Diener,

denn nur dann wirst du wirklich ein König werden. Ich, deine Seele, kann dann wachsen und groß werden.«

Wie aus einem Traum erwacht, fand sich der König neben der Mohnstaude in seinem Garten wieder. Er fühlte sich wie neu geboren.

Die Menschen in seiner nächsten Umgebung wunderten sich sehr über seine Verwandlung. Er strahlte jetzt jene Güte und Menschenfreundlichkeit aus, die man bislang nur von seinem Vater, dem alten König, gekannt hatte. Zepter und Krone brauchte er nicht mehr. Das Wichtigste waren ihm seine Mitmenschen. Mit ruhiger Hand und großer Weisheit, die aus seiner großen Seele zu strömen schien, regierte er jetzt sein Volk. Alle liebten diesen König, der so wesentlich Mensch war und große Lebensfreude im ganzen Land verbreitete.

Es wird erzählt, daß überall dort, wohin er trat, bald freundliche, feuerrote Mohnblumen erblühten, die das ganze Reich in eine weite, glühende Landschaft verwandelten. Man nannte ihn deshalb den Blumenkönig. Seit jenen Tagen bewahren die Mohnblumen die Erinnerung daran, daß nur der, der klein werden kann, wirklich groß ist.

Einen Sonnenkreis habe ich gelebt

Leiser Regen fiel auf den alten Wald und wusch den Sommer von den Bäumen. Das Laub erglühte jetzt in allen erdenklichen Farben. Ein sanfter Wind sang dem Wald das Lied der letzten Stunden, und ein matter Seidensonnenschimmer spiegelte sich in einer Regenpfütze. Es wurde Herbst.
Mitten im Wald wurde ein kleines Blatt, das sich nicht verfärben wollte, melancholisch: »Einen Sonnenkreis habe ich gelebt, und nun soll ich also sterben!« Das Blatt erinnerte sich an seine erste Begegnung mit dem Licht und träumte vom Duft des Frühlings. Jetzt, unter Regentränen des Herbstes, sah alles ganz anders aus. Eine verzweifelte Angst schnürte es ein und hielt es gefangen. All seine Lebenskraft und Lebensfreude hatte das Blatt verloren und konnte weder leben noch sterben.
»Was für einen Sinn hat mein Leben gehabt, wenn jetzt alles aus sein soll?« schluchzte das kleine Blatt und klammerte sich verzweifelt an seine fahlgrüne Farbe. Mit dem Verfärben begann das Sterben, das wußte es wohl.
Sein Schluchzen hörte ein Blatt vom Nachbarbaum.
»Warum weinst du, kleines Blatt?«

»Ach, mir ist so elend! Einen Sonnenkreis habe ich gelebt, und nun muß ich sterben. Alles soll mit einem Mal aus sein. Ich habe solche Angst vor dem Tod.«

»Hab keine Angst, du gehst nicht verloren! Spürst du den sanften Wind? Der Tod ist immer schon da in unserem Leben. Er umspielt uns so sanft wie der Wind. Wenn unsere Zeit erfüllt ist, nimmt er uns zu sich. Es ist, als ob er eine reife Frucht pflückt. Nein, vor dem Tod brauchst du keine Angst zu haben – in ihm ist das Leben!«

Das konnte das kleine Blatt nicht verstehen. Die Vorstellung von einem zärtlichen, ja liebenden Tod, in dem obendrein das Leben sein soll, war ihm gänzlich fremd. Der Tod war immer etwas Starkes und Furchterregendes für das kleine Blatt gewesen. Überhaupt, wie konnte dieses Blatt so vermessen daherreden? Es lebte doch selber noch und konnte wohl kaum mitreden.

Doch gelassen und sicher, als hole es die Gedanken von weit her, antwortete das Nachbarblatt: »Man darf den Tod und das Leben nicht voneinander trennen, als ob sie nichts miteinander zu tun hätten und verschiedenen Wirklichkeiten angehörten.

Leben und Tod sind auf geheimnisvolle Weise eins. Unser ganzes Leben ist ein einziges Einüben ins Sterben. Sterben heißt, sich loslassen. Jeder ist allein das, was er von sich weitergibt.
Man nennt dies die Weisheit des Alters, kleines Blatt. Erst im Herbst unseres Lebens haben wir gelernt, alle Farben des Lichts an die Welt weiterzugeben. Nur deshalb sind wir im Herbst so farbenprächtig, weil wir begriffen haben: alles ist Geschenk, das es weiterzuschenken gilt. Wer loslassen kann, was er geschenkt bekam, der kann schließlich auch sich selbst loslassen. Hab also keine Angst vor dem Sterben – es muß sehr befreiend sein. Wer aber Angst hat zu sterben, der bekommt auch Angst, richtig zu leben. Er beginnt sein Leben abzusichern und sperrt es damit ein. Der Tod kann lebensgefährlich sein, wenn er einem Angst macht. Wer aber dem Leben vertrauen kann, wird keine Angst vor dem Tod haben. Er wird es wagen können, und nur dem, der es wagt, wird es bunt, lebendig und reich.«
Das kleine Blatt war über diese Gedanken ganz still geworden. Viele Tage schwiegen die beiden miteinander, und es war ein gutes Beisammensein.

In der Stille reifen die wirklich großen Dinge. In dem kleinen Blatt entfaltete sich in diesen Tagen ein großer Glaube. Es lernte leben, weil es sterben mußte. Das kleine Blatt begann, sich selbst und die Farben seines Lebens an die Welt zu verschenken. Es hielt sich nicht länger krampfhaft fest, sondern hatte die Freiheit gewonnen. Äußerlich war das daran zu erkennen, daß es sich mehr und mehr verfärbte. Am siebten Tag schließlich leuchtete es in den schönsten Farben, von denen es nie geahnt hatte, sie alle in sich zu tragen. So lernte es im Geben und Verschenken den Reichtum seines Lebens kennen.
Zum Blatt am Nachbarbaum sagte es: »Danke, ich habe viel von dir gelernt. Du hast mir vom Sterben erzählt, und es wurde eine Geschichte vom Leben. Solange ich hier am Baum lebe, nehme ich das Licht der Sonne auf und gebe es wieder ab. Je mehr ich davon abgebe, desto schöner werde ich.
Ich glaube, der Tod hat gar nichts mit dem Sterben zu tun, so wie es die Welt versteht. Er ist vielmehr eine Art von Wachstum. Das Wesentliche an mir ist nicht meine jetzige Gestalt, denn sie ist wandelbar und ständig im Wachsen begriffen. Das

Wesentliche an mir ist vielmehr das einzigartige Leben, das in mir wohnt. Mein Leben ist das Licht. Mit jedem Tag nimmt es größeren Raum in mir ein und erfüllt mich mehr. Es wächst und reift bis meine Blattgestalt, die Wohnung meines Lebens, schließlich zu klein ist. Mein kleines Lebenshaus steht der ganzen Fülle im Wege, und ich wachse gewissermaßen darüber hinaus, ziehe in eine unendliche Wohnung ein und werde schließlich zu dem, wozu ich bestimmt bin: Licht.
Warum ich darauf nicht früher gekommen bin, weiß ich nicht. Aber ich bin dankbar, daß es mir geschenkt wurde. Es ist so einfach: man braucht nur wesentlich zu werden.«
Als einige Tage später der sanfte Tod kam und das Blatt mit sich nahm, sagte es noch diesen Satz:
»Trauer nicht um mich, Welt. Wenn du wüßtest, wo ich jetzt hingehe, würdest du nicht weinen. Was du den Tod nennst, ist nicht das Ende, sondern allein die Vollendung.«

Der alte Gärtner und der König

Zu einer Zeit, in der die Menschen noch ihren Träumen trauten, lebte ein kleiner König glücklich und zufrieden. An dem Abend aber, an dem unsere Geschichte ihren Anfang nimmt, war seine Lebensfreude getrübt. Der kleine König machte sich große Sorgen. Sosehr er es auch versuchte, er konnte einfach nicht einschlafen. Bald schon war er wieder aus seinem Bett geklettert, hatte die Kerzenstummel auf dem alten Leuchter angezündet und sich in den Erker gesetzt. Obgleich alles um ihn herum sehr still war, wurde der König immer unruhiger und lief, tief in Gedanken versunken, in seinem Zimmer auf und ab. Sehnsucht und Ungewißheit, verhaltene Freude und empfindlicher Schmerz kämpften in ihm. »Das Leben ist so seltsam und widerspruchsvoll«, sagte er zu sich. »Wie sehr habe ich mich auf diesen Tag gefreut, wie habe ich ihm entgegengefiebert. Morgen darf ich endlich das Mädchen, das mir soviel bedeutet, zur Frau nehmen. Aber neben froher Gewißheit erfüllt mich auch Ungewißheit, neben tiefem Vertrauen auch Angst.«

Es dauerte lange, bis er in dieser Nacht dann doch noch in einen leichten Schlaf fiel und träumte:

Er sah sein ganzes Königreich. In der Mitte befand sich sein Schloß. Fahnen und Buchsbäume schmückten das Tor, in dem er sich selbst und seine junge Frau erkannte. Mit den Jahreszeiten veränderte sich das Bild. Der Winter kam, das Tor war verschlossen, und ein dichter Mantel aus Schnee hüllte das ganze Land ein. Das Frühjahr kam und der Sommer. Abermals öffnete sich das Tor, und wieder erschien das Königspaar. Aber jetzt waren die beiden merklich älter geworden. Gleichzeitig wuchs aus dem Schloß ein Rosenstock hervor. Seine Dornen standen spitz und drohend gen Himmel. Langsam entfaltete sich eine Blüte, so leuchtend wie ein Sonnenaufgang. In der Blüte funkelten einige Tropfen Morgentau, so wie Tränen funkeln können. Auch der Rosenstock veränderte sich mit den Jahreszeiten. Die Rosen erblühten und verblühten, der Winter kam, das Frühjahr. Der Rosenstock begann wieder Knospen zu treiben, bis an einem sonnigen Tag eine neue Blüte aufbrach. Dann war es, als ob der kleine König wie von Ferne eine Stimme hörte: »Die Wahrheit«, sagte sie, »das, was wirklich wesentlich ist im Leben, muß erlitten werden. Nur wer Lachen und

Weinen, Liebe und Leid erfahren hat, wird wirklich glücklich werden.«
Frühmorgens erwachte der kleine König unausgeruht. Er erinnerte sich seines merkwürdigen Traumes und sann darüber nach, was er wohl zu bedeuten habe. Allein, er vermochte das Geheimnis nicht zu entschlüsseln. So beschloß er, den alten Gärtner aufzusuchen. Der war ein lebenskundiger Mann und wußte ihm wohl Antwort zu geben, zumal die Rose eine so wichtige Rolle in seinem Traum gespielt hatte.
»Eine Rose«, wiederholte der Alte nachdenklich, »keine Blume ist so reizvoll, so voller Leben, und keine Blume ist gleichzeitig so widerspruchsvoll. Man kann sich an ihr erfreuen und ihre Schönheit bewundern, aber man kann sich auch empfindlich an ihren Dornen verletzen. Die Rose ist so geheimnisvoll wie das Leben selbst. Vielleicht liegt sie uns Menschen deshalb so am Herzen. Von alters her drücken Liebende ihre Zuneigung durch das Zeichen der Rose aus – das ist sehr klug. Die Menschen haben große Worte, aber wieviel klarer und eindringlicher redet manchmal eine einzige Blume über die Wahrheit des Lebens.«

»Aber was sagt sie denn?« fragte er ungeduldig. »Das ist nur schwer mit Worten zu erklären«, antwortete der alte Gärtner. »Man muß es mit dem eigenen Leben erfahren. Es ist so, wie es dein Traum sagt: Die Wahrheit, das, was wirklich wesentlich ist im Leben, muß erlitten werden.«
Darauf führt der Gärtner den König in seinen Garten und zeigte ihm zwei Rosenstöcke. Zunächst waren sie kaum voneinander zu unterscheiden. Sah man jedoch genauer hin, dann erkannte man, daß der eine Stock keine Dornen hatte, während der andere voll davon war. »Diese Rosen ohne Dornen sind solche, wie wir Menschen sie züchten«, erklärte der Gärtner. »So wie wir Rosen ohne Dornen züchten, so möchten wir auch leben: ohne Schmerzen und Verletzungen, ohne Leid und Tränen. Aber das Leben ist anders. Es kann sehr weh tun, Wunden schlagen und Tränen kosten. Nur der kann wirklich lachen, der auch gelernt hat, zu weinen. Ebenso kann nur der wirklich lieben, der weiß, wie schmerzlich Liebe sein kann. So wie in unserem Leben Lachen und Weinen, Lieben und Leiden zusammengehören, finden sich auch am Rosenstock Blüten und Dornen. Deshalb ist die

Rose das Zeichen für die Liebe.« Darauf schwieg der Alte eine Weile, bis er eine besonders schöne Rose vom Strauch mit den Dornen schnitt und sie dem König schenkte: »Nehmt diese Rose, sie wird euch begleiten. Ihr habt Zeit, viel Zeit. Euer gemeinsames Leben muß wachsen und reifen wie die Blumen und Bäume. Wenn eine Rose in deinem Traum aus dem Schloß erwuchs, dann ist dies ein bedeutungsvolles Zeichen: Das Schloß ist euer gemeinsamer Lebensraum. Ihr müßt diesen Raum mit eurer Liebe ausfüllen und beleben. Es soll »leidenschaftliche« Liebe sein, die den anderen leiden und erleiden kann. Wer wirklich liebt, der kann auch die Wunden ertragen, die ihm zugefügt werden. Was zwei Menschen wirklich verbindet, sind nicht allein das Schöne, das sie gemeinsam erlebten, sondern Tränen, die füreinander geweint, Schwierigkeiten, die miteinander gemeistert, und Schmerzen, die gemeinsam ertragen wurden.
Mit dem alten Zeichen der Rose wünsche ich euch nicht ein Leben ohne Dornen und Wunden. Das gibt es nicht. Aber ich wünsche euch, daß ihr euch auch dann noch liebevoll annehmt, wenn ihr euch weh getan habt.«

Ein kleiner Traum und seine große Reise

Es war einmal ein Traum, und dieser Traum lebte bei Gott. Gott träumte, er selber wohne mitten unter den Menschen, er selber sei in der Welt lebendig, und alle hätten endlich begriffen und erkannt, daß er nichts mehr wünschte als gelungenes, geglücktes und entfaltetes Leben für alle Lebewesen.
Aus Liebe zu seiner Schöpfung wurde Gott erfinderisch und träumte vom Paradies: von einem Garten des Lebens und der Menschlichkeit, in dem Liebe herrschte und alle voller Phantasie und Aufmerksamkeit miteinander und füreinander lebten. Krankheit, Not und Elend waren verschwunden, und es gab keinen Krieg, keinen Streit und keine Boshaftigkeit mehr. Gott träumte, er selber werde jede Träne von den Augen der Weinenden und Leidenden trocknen.
Allein, dieser Traum Gottes war beinahe zu schön, um wahr zu sein. Dies spürte keiner deutlicher als der Traum selbst. Wenn er sich mit der Lebenswirklichkeit auf der sichtbaren Welt verglich, wurde er traurig, weinte und haderte mit Gott: »Was bist du nur für ein Gott? Du wohnst in deinem Himmel und läßt die Welt sehen, wie sie zurecht-

kommt. Du träumst die buntesten Träume von einem glücklichen Leben, und die Wirklichkeit auf der Erde ist ganz anders. Siehst du das nicht, Gott? Machst du es dir nicht zu einfach mit deiner Welt?«

»Auch ich sehe dies alles«, antwortete Gott ihm. »Du tust mir Unrecht, wenn du glaubst, daß es mich nicht trifft. Es tut mir weh, was aus meiner Welt geworden ist. Ich leide an all dem Leid und all der Angst. Aber meine Geschichte mit dieser Welt und den Menschen ist noch lange nicht zu Ende, kleiner Traum. Ich habe die Menschen in Freiheit geschaffen und möchte ihnen die Freiheit lassen, in ihrem Menschsein zu wachsen und zu reifen. Aber ich werde mir meinen Traum nicht nehmen lassen. Ich brenne vor Sehnsucht für die Menschen und für das Leben, und ich werde gegen alle Hoffnungslosigkeit und Resignation hoffen.«

»Aber sieh doch«, entgegnete ihm der Traum, »die Augen so vieler Menschen sind stumpf und leer geworden, als ob die Träume in ihnen gestorben seien. Was bin ich schon für diese Welt? Ein kleiner Traum, der nicht weiter ernstgenommen wird. Ich verstehe nicht, wie du da noch hoffen kannst?«

»Die Liebe ist größer als der Tod. Wenn man

einander liebt, wird neues Leben geweckt!« antwortete Gott. »Die Welt wird verwandelt von der Phantasie der Liebenden. Sie wird nur dann wirklich lebendig werden, wenn die Liebe in den Herzen der Menschen erwacht und sie wieder mit Liebe leben. Das muß ganz klein und still anfangen, wie ein Funke Sehnsucht oder ein kleiner Traum. Ein Traum, ja, ein Traum vermag die Menschen wohl aus ihrer Erstarrung und Mutlosigkeit zu reißen! Lebensträume eröffnen neue Lebensräume. Sie sind Leben, sie sind stärker als der Tod, weil sie aus Liebe geboren werden. Wer ihnen in seinem eigenen Leben Raum gibt, lernt die Welt mit anderen Augen zu sehen. Er ist nicht mehr auf sein eigenes – manchmal so enges – Leben begrenzt, und die Welt ist ihm nicht zugesperrt. Er durchbricht die Teufelskreise von Angst, Gewalt, Not und Einsamkeit, weil er neue Lebensmöglichkeiten und eine viel größere und hoffnungsvollere Wirklichkeit sieht. Wer Lebensträume träumt und ihnen traut, der hat noch etwas zu erwarten und zu hoffen. Er nimmt die Welt ernst und wird erfinderisch aus Liebe zum Leben. Er läßt sich etwas einfallen, damit das Leben für alle lebenswerter

wird. Er steckt voller Phantasie und Lebensmut und übernimmt schöpferische Mitverantwortung für die Welt. Vor allem aber hat er unendliche Energie zu trösten, zu heilen und zu ermutigen, weil er in mir einen starken Verbündeten hat, der Leben für die Welt will, Leben ohne Ende. Ich will den Menschen einen neuen Traum schenken, damit sie leben können. Mit dir möchte ich selber in die Welt hineingehen, und in ihr lebendig werden als Keim des Himmels auf der Erde mitten unter den Menschen.«

In diesen Worten brach mit Macht die liebevolle Lebenskraft Gottes durch. Der Traum wurde angesteckt mit der Lebenssehnsucht Gottes. Er wollte Wirklichkeit werden in dieser Welt, die so anders war.

»Werden die Menschen mich aufnehmen?« fragte er Gott.

»Du wirst es nicht leicht haben«, antwortete er ihm. »Die Menschen können deinen himmlischen Körper mit ihren irdischen Augen nicht erkennen. Du wirst für sie unsichtbar sein und nur aus ihren Herzen zu ihnen sprechen können. Viele Menschen aber glauben der Stimme ihres Herzens nicht

mehr und meinen, was man nicht sehen könne, existiere deshalb nicht und könne niemals Wirklichkeit werden. Daher ist es wichtig, daß du einen Menschen oder eine Gruppe von Menschen findest, bei denen du wohnen und lebendig werden kannst. Dann wirst du nicht länger unsichtbar sein für die Welt, du wirst Hand und Fuß bekommen. Geh jetzt, kleiner Traum und lebe!« So machte sich der kleine Traum auf seine große Reise.
Jahrtausend um Jahrtausend wanderte er unermüdlich um die Welt, und gelangte so auch in eines der ältesten Bücher der Menschen, das sie bis heute heilighalten. »Nun kann ich nicht mehr sterben«, dachte der kleine Traum, »nun werde ich endlich leben.«
Aber es kam alles anders. Denn jetzt war er in dicken Büchern und wohlklingenden Reden gefangen, und gelehrte Menschen stritten sich darüber, wie er denn nun zu verstehen sei. Über alle Auslegung vergaßen die Menschen jedoch nur allzu schnell, daß dieser Traum nicht zuerst in lehrreichen Büchern und auf Papier geschrieben sein wollte, sondern ins Herz jedes einzelnen Menschen, weil er sie zu wahrem Leben befreien will.

Manchmal ließen sich Menschen in dunklen Stunden ihres Lebens von diesem Traum anstiften und versuchten, seinen Lichtern zu folgen. Am Tage aber schoben sie ihren Traum von einer menschlicheren, gerechteren und lebendigeren Welt schnell wieder beiseite. »Träume sind Schäume!« sagten sie dann entschuldigend.

Wieder andere brachten den Traum mit einem Leben nach dem Tod in Verbindung und sagten, im Jenseits werde all dies Wirklichkeit.

So wanderte der Traum weiter und weiter. Aber soviel er auch suchte, er fand keinen Menschen, der ihm Vertrauen schenken wollte. Da wurde er immer trauriger, sein Lebensmut und Lebenswille verließen ihn, und große Müdigkeit kam über sein Herz.

Er schrie zu Gott: »Die Menschen bringen mich ums Leben, noch bevor sie mir eine Chance gegeben haben. Sie wollen mich nicht, sie haben keinen Platz für mich in ihrer Welt.«

Gott aber nahm den traurigen Traum zu sich, tröstete ihn und wischte ihm behutsam die Tränen von den Augen.

»Warum trauen sie dir nicht? Warum glauben sie

lieber ihrer Angst und nicht daran, daß am Ende das Gute und die Liebe siegen werden?«
Gott war sehr nachdenklich geworden. Vielleicht glaubten die Menschen, er nähme sie nicht ernst genug in ihrer Angst und all ihrem Leid? Vielleicht mußte er ihnen noch weiter entgegenkommen, ja, vielleicht sollte er ihnen ein Beispiel geben, um ihnen zu zeigen, wie solche Träume Wirklichkeit werden können?
»Wenn die Menschen dir nicht Hand und Fuß geben, dann werde ich es eben selber tun! Einer muß doch anfangen und die enge Welt aufbrechen für die Weite und Wirklichkeit des Himmels, sonst ersticken sie am Ende in der Enge ihrer Angst. Ich werde allen Menschen ein großes Geschenk machen: Ich gebe ihnen ein Leben für die Welt, damit sie endlich begreifen, daß die Phantasie der Liebe größer ist als die Angst und stärker als das Leid und lebendiger als der Tod.«
So nahm eine neue Geschichte ihren Anfang: Ein neuer Bund zwischen Gott und den Menschen wurde geschlossen, als in dem kleinen Kind eines jungen Liebespaares der Lebenstraum Gottes zu atmen begann...

Vom Dunkel ins Licht

In einem Lagerschuppen nahe einem Garten lebte einmal eine zufriedene und bequeme Tulpenzwiebel. Vielleicht wäre sie dort alt geworden, wenn sie der Gärtner nicht eines Tages ergriffen hätte, um sie einzupflanzen.
»Es ist an der Zeit«, sagte er zu ihr. »Heute ist die Stunde gekommen, dein Leben kennenzulernen – das eigentliche, das erfüllte Leben.«
»Deine rätselhaften Worte ängstigen mich, Gärtner«, entgegnete die Tulpenzwiebel mit zitternder Stimme. »Das Leben zu lernen scheint mir nicht so verheißungsvoll zu sein, wie du es sagst. Es ist so ungewiß, was aus mir werden wird. Stimmt es denn, daß man in die tiefe dunkle Erde muß und ganz schmutzig wird? In dem Lagerschuppen, in dem ich bisher lebte, war alles sauber. Ich war bei meinen Freunden und fühlte mich geborgen.«
»Du wirst dein Leben in dieser sauberen, wohlbehüteten Umgebung nicht finden. Dein Leben will entdeckt und gelebt werden. Du wirst dich auf die Suche machen müssen, sonst bleibt alles in dir gefangen, du würdest in dir vertrocknen zu einer alten, dürren Zwiebel. Dein Leben würde nie in dir aufbrechen und keimen, wenn du so bleiben willst,

wie du jetzt bist. Du wirst es nur finden, wenn du die Mühe des Wachstums auf dich nimmst. Hab Vertrauen! Das Leben ist größer und schöner als unsere Angst.«

»Aber wenn du mich eingräbst, dann sterbe ich in der feuchten und finsteren Einsamkeit der dunklen Erde«, wehrte sich die Tulpenzwiebel immer noch.

»Was heißt schon sterben«, entgegnete der Alte. »Du siehst es nur von einer Seite. Aus dem Dunkel der Erde wird dein neues Leben wachsen. Du stirbst nicht, du wirst verwandelt. Je mehr du deine alte Gestalt aufgibst, desto mehr wird eine neue geboren, deine eigentliche Gestalt. Du kannst nicht bleiben, wie du jetzt bist. Werde die, die du wirklich bist!«

»Das klingt fremd für mich, Gärtner: Werde die, die du wirklich bist? Ich bin doch schon jemand, eine Tulpenzwiebel.«

»Leben bedeutet nicht zuerst *sein,* sondern *werden, wachsen* und *reifen.* Diese Gestalt einer Zwiebel ist noch nicht alles. In dir steckt noch viel mehr, als du jetzt zu sehen vermagst. Du darfst nicht glauben, was du jetzt noch nicht erkennen kannst, sei deshalb nicht vorhanden. Alles Sichtbare wächst aus dem Verborgenen. Du bist ein Same voll blühender Zukunft, voll unendlicher Lebensmöglichkeiten, die tief verborgen in dir schlafen und nur darauf warten, geweckt zu werden.«

»Aber ist das Licht der Sonne denn nicht genug, um meine Lebenskraft zu wecken? Warum muß ich das Dunkel und die Schwere der Erde ertragen?«

»So einfach, wie du denkst, ist es mit dem Leben nicht«, erklärte ihr der alte Gärtner. »Manches, was dir heute weh tut und als Unglück erscheint, kann morgen einmal dein Glück bedeuten. Es ist alles andere als bequem, sein wahres Wesen und die Erfüllung seines Lebens zu finden. Dein Leben ist eine Aufgabe: Du mußt dich selbst aufgeben, loslassen und etwas wagen, wenn dein Leben sich in seinem ganzen Reichtum entfalten soll. Auch das Erleben und Erleiden dunkler Stunden gehört dazu. Nicht nur das Licht der Sonne fördert unser Leben, sondern auch die dunklen Stunden. Widerstände und Hindernisse fordern und fördern unsere Fähigkeiten und unsere Lebensenergie auf ihre ganz eigene Weise und helfen uns zum Wachsen und Reifen, wie nur sie es vermögen.«

Nachdem er dies gesagt hatte, grub der alte Gärtner ein Loch und pflanzte die Tulpenzwiebel ein. Kurze Zeit sah sie noch einen Lichtpunkt über sich, dann aber umfing sie undurchdringliche Finsternis. Die lange, beschwerliche Zeit des Wachstums begann.

»Jetzt ist es bald zu Ende mit mir«, jammerte die kleine Tulpenzwiebel angesichts ihrer aussichtslosen Lage. »Es hätte so schön sein können, aber nun vergeht mein Leben in der Erde!«

Ihre schöne Gestalt veränderte sich mehr und mehr. Sie war nicht länger eine glatte, wohlgeformte Zwiebel, sondern begann runzelig und schrumpelig zu werden. Aber sie bemerkte auch, wie sich tief in ihr etwas regte und bewegte, von dem sie nicht sagen konnte, was es war. Dieses Gefühl in ihrem Innern versetzte sie für viele Wochen in unbekannte Unruhe. Nach langen, traurig-düsteren Tagen durchfuhr sie ein heftiger Schmerz, als ob eine Lanze sie aus ihrer Mitte heraus durchbohre. Diese Wunde eröffnete ihr einen neuen Lebensraum. Der Panzer ihres bisherigen Lebens war durchbrochen. An die Stelle abgrundtiefer Finsternis trat wenig später taghelles, wärmendes Licht: Ihr erster Trieb hatte nämlich die Zwiebelschale und den Erdboden durchdrungen. Das flimmernde Sonnenlicht, ein erfrischend-prickelnder Luftzug und das vielstimmige Lied der Vögel umwarben sie nun.

»Das also meinte der Gärtner mit Wachstum und Entfaltung«, dachte die heranwachsende Blume.

»Wachstum betrifft das ganze Wesen. Mein äußeres Wachstum ist ein Gleichnis für etwas noch Größeres und Schöneres, das tief innen in meiner Mitte beginnt, um nach außen in die Welt zu gelangen. Wachstum bedeutet, die Schale zu durchbrechen, damit sich der Kern, das eigentliche Wesen, entfalten kann. Wachstum meint also, wesentlich zu werden.«

Sanft streichelten die Sonnenstrahlen den hellgrünen Trieb, der sich wohlig räkelte und unter den Zärtlichkeiten der Sonne wuchs. Es tat ihm gut, daß die Sonne ihn einfühlsam zum Leben lockte, ganz wie es seiner Kraft entsprach. Mit der Zeit bildete sich am Schaft des Triebes eine Verdickung. Die Blüte reifte und reifte.

»Noch lebst du nur für dich selber und verwendest deine ganze Kraft auf die Entfaltung deines

Wesens«, erklärte ihr der Gärtner. »Aber bald wirst du ganz offen sein für das Lächeln der Sonne, für die Schmetterlinge, für den Wind und den Regen. Dann kannst du deinen Samen weitergeben, damit neues, vielfältiges Leben wachsen kann. Du wirst durch dein Leben Farbe und Duft und Freude in die Welt tragen und einen Platz ausfüllen, um diesen Garten für alle lebendiger und bunter zu machen. Dann wirst du blühen, kleine Blume, und es wird keine einzige Blume im großen Garten geben, die so ist wie du.«

»Es bereitet sich schon vor«, flüsterte die Knospe. »Es ist, als ob sich in mir Schale um Schale schöbe. Aber nicht so wie in der Zwiebel. Die Schalen fühlen sich viel zarter und verletzlicher an, wie Schmetterlingsflügel. Wann ist der Tag gekommen, an dem ich meine Knospe absprengen muß?«

»Du mußt soweit in den Himmel hineinwachsen, wie du in die Tiefe der Erde verwurzelt bist. Dann ist deine Stunde gekommen. Du wirst es spüren.«

Bald würde das Knospengehäuse zu klein sein für die Blüte. Ihre Blätter begannen schon, sich auszuspannen und auszudehnen. Die erwachende Tulpe versuchte, ihre Blütensegel wie Flügel zu weiten.

Aber noch war sie im Dunkel ihrer Knospe gefangen und mußte mit aller Kraft drängen und kämpfen, um die behütende Knospe aufzubrechen. Das war nicht leicht: Es erforderte ebensoviel Mut wie Ausdauer. Jeder Riß in der Schale schmerzte ein wenig. Bald aber strömte helles Sonnenlicht durch die ersten Risse. Mit letzter Anstrengung warf die junge Tulpe die grünen Schalen ab und sah noch etwas zerknittert aus.
Langsam und vorsichtig tastend streckte sie ihre rotgelben, seidenen Blätter dem Licht entgegen. Sie ließ sich von der angenehmen Wärme durchströmen bis in die letzten Fasern. Ein unbekanntes Glücksgefühl durchzitterte sie, und sie empfand sich zum ersten Mal als ganz frei.
Sie fühlte sich so leicht wie das Licht und zugleich so schwer wie die Erde. Sie spürte, daß beides – Himmel und Erde – als eine große Wirklichkeit zusammengehörten.
»Alles, was in uns verborgen liegt, soll entfaltet werden, damit das Leben glückt«, dachte die Tulpe. »Das Leben ist eine einzige Herausforderung. Indem wir über uns hinauswachsen, leben wir erst eigentlich...«

Die große alte Raupe

Still lag die Waldwiese im Licht des erwachenden Tages, als sich die Raupen an ihr beschwerliches Tagewerk machten. Mühselig bewegten sie ihre Stummelbeine und schwerfälligen Körper, um Kraut, Blätter und andere Lebensmittel in ihre Wohnungen zu tragen.

Unter den unzählig vielen Raupen der Waldwiese aber gab es zwei, die sich besonders gerne mochten und jede freie Minute miteinander verbrachten. Wenn sie einander trafen, war es ihnen, als ginge die Sonne in ihren kleinen Herzen auf. Sie unternahmen auf ihren kurzen Beinen große Wanderungen am alten Weiher, erkletterten luftige, sattgrüne Graswipfel, rutschten feuchte Steine hinab und freuten sich des Lebens. Nach ihrer Arbeit schmiegten sie ihre kleinen Körper ganz nah an die Weltkugel, schlossen genießerisch die Augen und spürten ganz still die große, ruhige Bewegung der alten Mutter Erde. Dann vergaßen sie ihre Schwerfälligkeit und die Mühe ihres Alltags, blinzelten ab und zu in den weiten, blauen Himmel und kamen sich ganz allmählich näher. Weil sie sich so gerne mochten, lernten sie einander zu vertrauen, und sie erzählten sich von ihren Geheimnissen und all

ihren tiefsten Wünschen. Je mehr Zeit und Gedanken sie sich schenkten, desto wertvoller wurden sie einander und waren bald echte Freunde.
Mit der Zeit spürten die beiden, wie sie sich verwandelten, und sie ahnten, daß ihr Leben eines Tages anders sein würde: viel schöner, froher und lebendiger. Sie sahen Raupen, die nicht nur ans Fressen dachten und ihr Leben dazu nutzten, Futter zu sammeln und zu lagern. Sondern sie sahen auch Raupen, die Augen für die geheimnisvolle Erde hatten. Sie träumten davon, gemeinsam das eigentliche Leben zu finden, frei zu werden von den täglichen großen und kleinen Sorgen und nicht gar so schwerfällig und träge zu sein. In Augenblicken, in denen sie ganz nahe beieinander waren, schien es so, als werde schon jetzt ein wenig von diesem neuen, erahnten Leben Wirklichkeit.
Eines Tages wurden die beiden wegen dieser Gewohnheit zur großen Raupe gerufen.
»Wißt ihr nicht, daß das Träumen uns Raupen verboten ist? Es ist gefährlich!« sagte die große Raupe, indem sie die beiden streng über den Rand ihrer Brille ansah. Dann nahm sie ihre Brille von

der Nase, kroch auf die beiden zu und flüsterte, als ob sie ein großes Geheimnis verrate: »Die Träume verändern das Leben, und wenn wir Raupen träumen, spinnen wir zugleich. Jeder Traum läßt in unserem Innern einen feinen seidenen Faden wachsen, der sich um unseren Körper legt und ihn ein wenig mehr fesselt. Ihr zwei wäret nicht die ersten, die eines Tages ganz versponnen aufwachten. Nein, es ist nicht gut, so hoch hinaus zu wollen. Was mit Träumen begonnen hat, endete schon mehr als einmal im Dunkel der Enttäuschung und in dem kleinen Sarg eines Kokons. Geht nun und lebt wie alle Raupentiere! Das ist besser für euch!«

Traurig und so langsam, als ob die ganze Erdenschwere auf ihnen lastete, krochen die beiden wieder auf die Waldwiese hinaus. Lange saßen sie schweigend nebeneinander in den letzten Strahlen der untergehenden Sonne.

Nachdem sie schon viele Stunden still und ratlos miteinander verbracht hatten, tanzte ein Leuchtkäfer herbei und gesellte sich zu ihnen. Das ganze Wesen solch eines Leuchtkäfers ist aus Licht gemacht und schimmert wie eine kleine, unlösch-

bare Laterne in der Finsternis der Nacht. Weil aber Leuchtkäfer solch ein lichtvolles Wesen haben, sind sie jederzeit darum bemüht, traurigen Erdbewohnern ein neues Licht anzuzünden. So fragte der Leuchtkäfer die beiden nach dem Grund ihrer Traurigkeit und ließ sich ihre Geschichte erzählen.
»Aber warum habt ihr beiden nicht mehr Vertrauen in euer Leben?« fragte er sie mit frohem, glockenreichen Lachen, das ihn noch leuchtender erscheinen ließ. »Warum laßt ihr euch von der Angst anderer einschüchtern? Es kann doch nichts Gefährliches dabei sein, lebensvolle Träume zu träumen, es sei denn, man sieht es als Bedrohung an, daß sie das Leben verändern. Vielleicht ist jener feine Faden, vor dem euch die große Raupe warnte, der seidene Faden, an dem in Wahrheit das Leben hängt.«
»Aber was meinte die große Raupe mit den Puppensärgen, was meinte sie mit den Fesseln? Warum sprach sie davon, daß es dunkel werde und wir sterben müßten?«
»Sie hat im Grund nur von ihrer eigenen Angst vor der großen Verwandlung erzählt. Sie weiß in ihrem Herzen sehr gut, wie wichtig Träume sind und wie

wenig sie mit Spinnerei zu tun haben. Aber wer seinen tiefsten Wünschen traut und ihnen die Treue hält, erfährt auch seine Ängste, seine innere Zerrissenheit und vor allem das Unfertige in seinem eigenen Leben. In ihrem Licht erkennt er seinen Schatten um so deutlicher und erfährt all das, was in ihm sterben muß, damit er leben kann. Nur wer den Mut hat, sich dem zu stellen, wird wirklich leben und sein wahres Sein finden. Betrachtet man es von außen, dann hat die große Raupe recht: ihr werdet eingesponnen sein und eine Zeit der Dunkelheit und Leblosigkeit durchstehen müssen. Was aber für sie wie der Anfang vom Ende aussieht, wird für euch der Beginn einer wunderbaren Verwandlung sein. Es wird aussehen, als ob ihr sterben würdet.«

Die Worte des Leuchtkäfers machten den beiden Raupen Mut. Am nächsten Tag lagen sie früher als sonst in der Sonne und tauschten ihre tiefsten Geheimnisse und Träume aus. In kräftigen Farben malten sie sich ein Bild ihrer Sehnsüchte.

Je mehr sie aber träumten, desto mehr versponnen sie sich auch zu dicken, seidenen Puppen, die eben noch ihre Köpfchen erkennen ließen und bald

schon ihre ganze Gestalt verbargen. Dunkel war es um die beiden geworden, und es sah so aus, als habe sie das Leben verschluckt.
Die große Raupe schaute nur streng über den Rand ihrer Brille und sagte: »Diese Spinner! Da habe ich wieder einmal recht gehabt.«
Wenige Wochen später aber, als die beiden von der Waldwiese längst vergessen waren, brachen die Kokons auf und zwei wunderschön leuchtende Schmetterlinge entschlüpften ihnen. Sie waren so farbig wie ihre Träume, ihre Flügel so zart wie ihre Sehnsüchte, und ihr Wesen war so leicht wie das Vertrauen, das sie ins Leben gesetzt hatten.
Sie hatten ihre ganze Schwerfälligkeit verloren und breiteten nun ihre Segel aus, die wie Gold und Edelstein glänzten, um sich vom Wind in das Blau des Himmels tragen zu lassen und zur großen Raupe zu fliegen. Schwerelos und voller Lebensfreude erzählten sie ihr, wie sie zur Fülle des Lebens gefunden hatten.